Erich Theis

Wozu wurden Sie geboren?

D1717285

Erich Theis

Wozu wurden Sie geboren?

bd Verlag Oftringen

© 2000 by bd Verlag, CH-4665 Oftringen
Alle Rechte vorbehalten.
4. Auflage 2003

Satz und Gestaltung:
    Fritschi Publishing, CH-4665 Oftringen

Druck:
    Druckerei Altherr, CH-5057 Reitnau

Printed in Switzerland

ISBN 3-9521328-2-9

Dieses Büchlein bringt es auf den Punkt, worauf es ankommt, ein befreites und sinnvolles Leben für sich und andere zu führen. Man spürt: Der Inhalt wurde nicht am Schreibtisch entworfen, sondern stammt aus unzähligen Begegnungen des Autors mit Menschen, die auf der Suche nach echtem, wahren Leben waren und in der lebendigen Beziehung zu Jesus Christus und zum himmlischen Vater einen neuen Frühling erlebten. Ein lesenswertes Büchlein.

Hanspeter Nüesch, Leiter von Campus für Christus
Schweiz

«Diese Schrift ist wie eine Suchmaschine im Internet, die den Leser zu den grundsätzlichsten Aussagen der Bibel bringt. Prädikat: sehr wertvoll.»

Ingolf Ellßel, Pastor, Präses des BFP Deutschland

«Wozu wurden Sie geboren? ist ein besonders liebevoll und persönlich gehaltenes Buch. Es führt den Leser auf ganz praktische und interessante Art und Weise näher an das größte Privileg unseres Lebens: Jesus immer besser kennen zu lernen. Ich wünsche jedem Leser die Erfahrung einer wachsenden Freundschaft mit Gott.

Peter Wenz, Pastor

Inhalt

Einführung

Herzlichen Glückwunsch, dass Sie dieses Büchlein zur Hand genommen haben. Ich lade Sie zum spannendsten Abenteuer, zur atemberaubendsten Entdeckungsreise Ihres Lebens ein. Sicherlich kennen Sie die Leuchtschrift, die über den Sitzplätzen eines Flugzeugs angebracht ist: «Fasten your seatbelts» d.h. «Sitzgurte anschnallen». Wollen Sie mit mir starten? Wenn Sie die Seiten dieses Buches verstehen und bejahen, ist es wirklich nötig, sich anzuschnallen. Denn Sie werden eine persönliche Begegnung mit Gott, dem Schöpfer des Universums haben. Da brauchen Sie guten Halt. Von Gott geht die größte Liebe, die stärkste Kraft und die höchste Intelligenz aus. Er allein ist fähig, die tiefe Sehnsucht unseres menschlichen Herzens zu stillen. Er allein gibt unserem Leben eine Bedeutung. Er allein gibt uns Menschen wahren Wert. Sie werden entdecken, dass es für Sie weit mehr gibt, als Gott in einer mächtigen Kathedrale ein wenig zu fühlen. Wollen Sie Ihm begegnen – auf Du und Du?

Das größte Ereignis
Ihres Lebens

Ich erinnere mich gut an einen Inland-Flug in Kanada. Über Wochen hatten wir in Edmonton in eisiger Kälte gelebt. Zwanzig Grad unter Null waren keine Seltenheit. So sehr es mich auch in die Natur zog, nach wenigen Metern kehrte ich um und suchte die Wärme des Hauses wieder auf. Es war zu kalt, sich draußen aufzuhalten. Dann folgte der erwähnte Flug nach Vancouver, wo bereits der Frühling Einzug gehalten hatte. Ich erlebte, wie völlig neue Lebensgeister in mir erwachten. Nun konnte ich mich außerhalb des Hauses aufhalten. Der grüne Rasen und die linde Frühlingsluft ließen mich förmlich aufleben.

Ich glaube, so wird es Ihnen gehen, wenn Sie in eine persönliche Beziehung zu dem wirklichen Gott treten dürfen. Pure Religiosität und selbstgemachte Gottesvorstellungen führen uns in innere Einsamkeit und machen unser Leben zu einer Eiswüste. Wenn aber die überwältigende Liebe Gottes Ihr Herz berührt, wird das Eis in Ihrem Innern schmelzen. Dann bricht ein unbändiger Frühling an: mit wunderbarem Leben, mit herrlichen Düften und prächtigen Farben.

Ungezählte Frauen und Männer sowie junge Menschen haben dieses unvergleichbare Wunder durch all die Jahrhunderte persönlich erfahren.

Meine größte Entdeckung

Einen solchen Neubeginn erlebte ich vor Jahren und machte dabei die größte Entdeckung meines Lebens. Das spielte sich so ab: Soeben hatte meine Mutter mein Zimmer verlassen. Ihre Worte hatten mich fürchterlich geärgert. Sie hatte mir von einem Traum berichtet, in dem sie sah, wie ich durch einen Unfall verletzt wurde, und forderte mich auf, mein Verhältnis zu Gott zu überdenken. – Jetzt saß ich aufgebracht auf meinem Stuhl und sagte vor mich hin: «Was soll mir schon passieren? Ich passe gut auf. – Mir geht dieser fromme Druck auf die Nerven. Ich bin alt genug – ich tue, was ich will!»

Dann geschah etwas Überraschendes: Äußerlich unhörbar, aber in meinem Inneren vernahm ich klar folgenden Satz: «Warum fliehst du vor MIR?» An der deutlichen Wärme und Liebe mit der dieser Gedanke in mir aufstieg, wurde mir bewußt: «Das muss Jesus sein, der zu dir spricht». «Vor IHM bist du jahrelang davon gelaufen, bist deine eigenen Wege gegangen und hast in deinem Leben viel Sünde und Schuld aufgehäuft. Nun steht ER vor dir – verdammt dich nicht, sondern liebt dich, will dir vergeben und dich zu seinem Freund machen.» Das überwältigte mich.

Ich kann Ihnen nicht beschreiben, was das in mir auslöste. Aufbrechende Freude auf der einen Seite, daneben empfand ich auch tiefen Schmerz über mein bisheriges Verhalten Ihm und meinen Mitmenschen gegenüber. Wie sehr hatte ich Ihn doch durch mein stolzes, oft arrogantes Wesen gekränkt. Ich hatte Ihn links liegen lassen, mein Eigenleben gelebt und Gottes Gebote unzählige Male übertreten. Es stimmte: In meiner Suche nach Liebe, Wert und Glück im Leben war ich vor Ihm weggelaufen und hatte meinen Durst oft an zweifelhaften Quellen zu stillen versucht.

Es hielt mich nicht mehr auf meinem Stuhl. Die Tränen flossen mir nur so über das Gesicht. Gott war mir in Seiner Liebe offensichtlich Tag für Tag nachgegangen, hatte alles mit angesehen und wartete förmlich auf den Augenblick, in dem ich mich umdrehen würde, um in Seine Augen voller Liebe und Vergebung zu blicken! – Ich rutschte auf meine Knie und sprach etwa die folgenden Worte: «Herr Jesus, es tut mir leid, was ich Dir angetan habe. Bitte vergib mir meine Sünden. Hier hast Du mein Leben. Mach mich zu dem Menschen, den Du haben willst.»

Hätte mir irgend jemand, selbst zwei Tage zuvor, gesagt: «Erich, in Kürze wirst du Gott die ganze Führung deines Lebens anvertrauen», so hätte ich das vehement von mir gewiesen. Ich war bis dahin – wie Millionen andere – von der Annahme überzeugt: «Wer etwas vom Leben haben will, muß es in die eigenen Hände nehmen und sich das aussuchen, was ihm am meisten Spaß und Erfüllung bringt.»

Dieser eine Satz, «Warum fliehst du vor MIR?» und meine einfache, aber entscheidende Reaktion darauf, brachte mich mit der Realität der Liebe Gottes in eine tiefgehende Berührung. Diese Liebe schafft Frühling in unserem Leben!

Seit diesem Tag weiß ich, dass ich bei Gott völlig sicher und geborgen bin. Die Freude, die Lebenserfüllung, innerer Friede und ungezählte konkrete Erfahrungen im Alltag mit diesem Gott haben mir durch Jahrzehnte bewiesen: Gott ist Realität. Er ist so viel anders als sich ihn Millionen vorstellen. Wir können Ihn suchen und finden. Mit Ihm finden wir zu einer Lebensqualität, die einzigartig ist. Ihn hier und heute zu finden, bringt unseren Herzen jene Erfüllung und den Wert, nach dem wir alle unser Leben lang suchen.

Es beginnt ein völlig neues Leben

Sie sehen, es ist relativ einfach, zu Jesus zu kommen. Um in Ihrem Leben klarzukommen, müssen Sie nicht zuerst einer bestimmten Kirche oder Organisation beitreten. Sie müssen auch nicht irgendwelche Lehren unterzeichnen. Vielmehr geht es darum, dass Sie der höchsten Persönlichkeit des Universums, Gott in seinem Sohn Jesus, begegnen. Wenn Sie Ihm Ihr Leben öffnen, berührt Er Ihr Inneres und legt etwas Neues in Ihren Geist: Seine Gegenwart, ewiges Leben. Das ist das größte Wunder! Aber es ist erst der Anfang. Es beginnt ein völlig neues Leben. Dieser Neuanfang ist eine Türe in ein bisher unbekanntes Land. Sie treten in eine unbeschreibliche Lebensdimension ein.

Diesen Neuanfang kann jeder Mensch erleben. Er beginnt mit der ehrlichen Hinkehr unseres Herzens zu Jesus und drückt sich in einem einfachen, aber wirkungsvollen Gebet aus. Hinter den Kulissen jedoch spielen sich dramatische Ereignisse ab. Wenn Sie Jesus als Gottes Sohn anerkennen und eine Beziehung mit Ihm anfangen, geht eine heftige Schlacht um Ihr Leben siegreich zu Ende. Jesus befreit Sie aus der dunklen, zerstörerischen, todbringenden Macht des Teufels. Er bringt Sie in Beziehung zu Ihrem Schöpfer. Und diese Beziehung kann sich dann entwickeln und entfalten, je mehr Sie Gott kennenlernen. Sie werden Ihr ganzes Leben, ja die gesamte Ewigkeit brauchen, um die Faszination, die von Gott ausgeht, in immer größeren Dimensionen zu erfassen.

Haben Sie diesen Schritt zu Jesus schon persönlich vollzogen? Darf ich Sie dazu gerade jetzt ermutigen? Wenn Sie Gottes Realität entdecken wollen, sprechen Sie jetzt doch mit ehrlichem Herzen das folgende Gebet:

«Herr Jesus Christus, ich komme jetzt zu Dir und bringe Dir mein sündiges Leben. Bitte vergib mir meine Schuld. Reinige mich mit Deinem erlösenden Blut. Ich nehme Dich als meinen Herrn und Erlöser in mein Leben auf. Übernimm Du von heute an die Führung in meinem Leben und mach mich zu der Person, die Du haben willst. – Ich danke Dir, dass Du mein Gebet erhört hast. Amen»

Im Anhang finden Sie eine ausführliche Erläuterung, welche Grundlagen Gott in Seinem Sohn Jesus für Sie geschaffen hat und warum ER auf Ihr Gebet mit Sicherheit reagiert. Wenn Sie Jesus gebeten haben, Ihr persönlicher Herr zu werden, verspricht Gott in Seinem Wort, der Bibel, dass Er Sie im selben Augenblick als ein Sohn oder eine Tochter Gottes aufnimmt. Sie finden das im Johannes-Evangelium, im ersten Kapitel, Vers zwölf. Dort heißt es: «Die ihn aber aufnahmen und an ihn glaubten, denen gab er das Recht, Gottes Kinder zu sein.»

Wie immer auch Ihre menschliche Herkunft sein mag, aus welchem Hause Sie auch kommen, welchen beruflichen oder intellektuellen Background Sie auch haben, all das spielt keine Rolle. Jetzt stehen Sie mit einem völlig neuen Namen im Familienstammbuch Gottes. Das konnten Sie sich nicht etwa verdienen. Sie haben lediglich ein Geschenk angenommen, das Jesus durch Seinen Tod am Kreuz ermöglicht hat. Tag und Nacht werden Sie von nun an im Rampenlicht der liebenden Augen Gottes leben. Nichts entgeht Ihm. Nichts übersieht Er. Nichts darf Ihr Leben mehr treffen, was Ihnen nicht weiterhelfen kann, auch wenn es im Moment schmerzlich sein mag.

Wenn Sie nach kurzer Zeit in Ihre Vergangenheit zurückschauen, werden Sie denken: «Wie konnte ich früher nur so leben? – Wie sehr habe ich doch Gott mit meinem Denken und Verhalten oftmals gekränkt!» Sie leiden vielleicht noch unter Folgen Ihres früheren Lebensstils. Ihr Vater im Himmel aber hält sie Ihnen nicht mehr vor. Er interessiert sich nicht mehr dafür, was Sie getan haben. Alles Schlechte ist vor Ihm ausgelöscht. Unwiederbringlich vernichtet.

Wie konnte das geschehen?

Sie können vielleicht noch gar nicht richtig verstehen, was mit Ihnen geschehen ist. Sie erleben Gott jetzt plötzlich so anders. Hat Er sich denn geändert? Warum scheint Er Sie auf einmal so vorbehaltlos zu lieben, Ihnen alles zu vergeben, Sie nicht mehr zu richten, sondern eine phantastische Welt für Sie bereit zu halten? Gott hat sich nicht geändert! Nein! Sie stehen jetzt allerdings völlig anders vor Ihm! Wieso? Einfach weil Sie Jesus angenommen haben. Sie mögen einwenden: «Ich habe doch gar nichts besonderes dazu getan.» Genau! An dieser Stelle sind Sie sicher bereit, einen tieferen Blick in Gottes Herz zu tun. Ich möchte Ihnen etwas eingehender erklären, was Gott für Sie getan hat.

Denken Sie mal an das bekannte Ereignis, das vor fast 2000 Jahren passiert ist. Da hängt ein Mann an einem Kreuz. Große Nägel wurden durch Seine Füße und Hände geschlagen. Auf Seinen Kopf preßte man ein Geflecht aus Dornen. Narben und Blutspuren sind überall auf Seinem Körper. Wer ist dieser Geschundene? Dieser Durchbohrte am Kreuz? Warum hat Gott ihn so schrecklich leiden lassen? Er ist Gottes einziger Sohn. Obwohl Er aussieht wie ein Mensch, ist Er der Herkunft und der Persönlichkeit nach Gott. Am Kreuz hängt nicht ein Religionsstifter, sondern Gott! Er wurde Mensch und ließ sich schließlich ermorden.

Sie haben sicher schon Kruzifixe gesehen; vielleicht mit gemischten Gefühlen. Möglicherweise kam Mitleid in Ihrem Innern auf. Aber vielleicht war Ihnen das Ganze auch recht unverständlich. Vielleicht haben Sie sich auch geärgert über den Gedanken an einen leidenden Gott.

Wäre Er nicht für uns eingesprungen

Jesus am Kreuz – das hat direkt mit mir und Ihnen zu tun. Wir sind ja von der Frage ausgegangen: «Wie kann Gott mich vollwertig annehmen, alles wegwischen, was in meinem Leben krumm, schmutzig und häßlich gewesen ist? Wie kann Er mich jetzt so uneingeschränkt bejahen, als wären all diese dunklen Dinge in meinem Leben nie geschehen?» Hier ist die Antwort: Er – Jesus, hat für Sie bezahlt! Er hat alle Sünden Ihres Lebens auf sich genommen. Dann ist Er vor Gott, Seinen Vater getreten und hat das, was eigentlich Sie und ich verdient hätten, auf sich genommen: die Todesstrafe! Jesus sagte zu Gott, der zugleich Schöpfer aber auch Richter ist: «Vater, lege die Strafe für die Schuld der Menschen auf mich. Und laß die Menschen, die an mich glauben und dieses Geschenk annehmen, frei ausgehen.»

Wörtlich bezeugt die Bibel das so: «Und wirklich, er trug unsere Krankheit und nahm auf sich unsere Schmerzen. Wir dachten, er würde von Gott geplagt, geschlagen und gefoltert. Aber er ist wegen unseren Untaten verwundet und wegen unserer Sünde zerschlagen worden. Die Strafe liegt auf ihm, so dass wir Frieden haben können. Wir sind durch seine Wunden geheilt worden. Wir waren verirrt wie Schafe. Ein jeder sah stur auf seinen eigenen Weg. Aber Gott hat alle unsere Sünde auf ihn gelegt» (Jesaja 53,4-6). Ist Gott grausam, weil Er seinen eigenen Sohn an meiner, an Ihrer Stelle, opferte? Nein! Es gab keinen anderen Ausweg! Weil wir Gott so viel bedeuten, beschlossen der himmlische Vater und Sein Sohn, diesen Preis zu unserer Errettung selber aufzubringen.

Wir können nur bruchstückhaft ahnen, wie sehr Gott uns liebt. Bei der Kreuzigung ging es also um Strafe und Schuld. Wäre Jesus nicht für uns eingesprungen, wären wir unwiederbringlich verloren gewesen. Gott müßte uns für jede auch noch so unscheinbare Sünde zur Rechenschaft ziehen. Ganz zu schweigen von den groben, dunklen Taten unseres Lebens. Gott müßte uns dem Feuer des Gerichtes ausliefern. Die Bibel spricht hier von Hölle. Jesus ging an Ihrer Stelle durch die Hölle, um Sie vor diesem dunklen Ort der Verzweiflung, dem ewigen Getrenntsein von Gott zu bewahren. Ihr Schicksalsblatt ist gewendet. Licht und Hoffnung leuchten strahlend über Ihrer Zukunft.

Der Gegenspieler

Ehe wir uns den Perspektiven zuwenden, was Gott nun weiter mit Ihnen vorhat, muß ich Ihnen noch etwas ganz Entscheidendes klarmachen. Das Leiden und Sterben Jesu hat noch eine andere Bedeutung. Gott hat einen Gegenspieler, den Verderber, den die Bibel Teufel und Satan nennt. Andere Bezeichnungen für ihn sind: Lügner, Mörder, Verführer und Durcheinanderbringer. Er war offensichtlich einmal ein hoher Engelsfürst. Er erhob sich aber gegen Gott und zerstörte die Gemeinschaft. Zusammen mit Engeln, die seinem Einfluß folgten, hat er seitdem bitter gegen Gott gekämpft. Als

Gott die Menschen erschuf, ließen auch diese sich von Satan irreführen und kamen unter seinen verheerenden Einfluß. Seither gibt es Nöte, Krankheiten, Konflikte, Blut, Tränen und Kriege. Jeder Mensch lebt mehr oder weniger unter dem Einfluß dieses «Verderbers», und wir alle haben erfahren müssen, wie schmerzlich das Böse ist.

Doch wir sind verantwortlich. Allzu leicht geben wir Gott die Schuld für Dinge, die in unserem Leben schiefgelaufen sind. Gewöhnlich managen wir unser Leben selber und fragen nicht oder nur gelegentlich nach Gott. Steckt die «Karre» dann im Dreck, wer ist schuld? Natürlich Gott! Das ist ein weiterer Trick des Teufels, der in der Bibel auch Ankläger genannt wird. Er hat dieses falsche Gottesbild in unsere Vorstellung gepflanzt. Damit setzt er Gott auf die Anklagebank und führt uns Menschen hinters Licht.

Um uns aus der Macht des Teufels zu befreien, hat Gott nun nicht etwa auf den Satan eingeschlagen. Nein, das hätte uns nicht aus dessen rechtmäßigem Besitz herausgelöst. Vielmehr hat Jesus das Unfaßbare getan: Er ließ sich vom Teufel schlagen, denn dieser stand letztlich hinter den Menschen, die Jesus ans Kreuz nagelten. Satan meinte wohl, nun habe er den Sohn Gottes in seiner Gewalt. Aber er hatte sich völlig verrechnet. Denn Jesus löschte mit Seinem Tod alle Besitzrechte des Teufels an uns Menschen.

Die Rechnung ist beglichen

Darum sagte Jesus am Kreuz: «Es ist vollbracht!» Das heißt:
Die Rechnung ist beglichen und zwar in dreifacher Hinsicht:

1. Gottes berechtigter Zorn über unsere Sünde ist gestillt.
2. Die Kosten unserer Schuld sind bezahlt.
3. Satans Macht über die Menschen ist gebrochen. Alle, die Jesus ihr Leben anvertrauen, sind von jedem Anspruch des Teufels befreit (Kolosser 1,13).

Als Jesus am Kreuz starb, nahm Er allen Schutt, alle Schuld und auch unsere Krankheiten auf sich, um ihre Herrschaft in unserem Leben völlig zu beseitigen. Damit war der volle Preis bezahlt (Römer 3,26).

Verstehen Sie jetzt, warum Gott uns unsere Schuld so völlig vergeben kann? Das konnte Er als höchster, absolut gerechter Richter nicht einfach aus guter Laune tun. Nur weil Jesus durch das Opfer Seines Lebens die Schuld bezahlt hat, darum, und nur darum dürfen Sie jetzt wie neugeboren (Johannes 3,3-5), sauber und unbeschwert vor Gott stehen. Das ist die neue Rechtsgrundlage Ihrer Beziehung zu Gott und leitet ein völlig neues Kapitel Ihres Lebens ein.

Am dritten Tag weckte Gott Seinen Sohn von den Toten auf. Damit zeigte Er vor der sichtbaren und unsichtbaren Welt: der Preis ist bezahlt! Menschen, die Gott vertrauen, sind aus Satans Herrschaft befreit! Das Opfer Jesu ist vor Gott für alle Ewigkeit gültig.

Aber noch etwas Gewaltiges bezeugt die Bibel im Zusammenhang mit dem Tod Jesu: Jesus hat die Macht Satans vernichtet (Hebräer 2,14). Er zerstörte dessen Herrschaft und entwaffnete alle dämonischen Mächte (Kolosser 2,15).

Gottes unfaßbare Liebe und Ihre Errettung durch Jesus am Kreuz bildet die Grundlage für eine völlig neue Zukunft Ihres Lebens. Vielleicht fällt Ihnen auf, dass Gott so viel anders ist, als die meisten Menschen denken. Verstehen Sie jetzt auch, warum sich Gottes Liebe und Seine Gerechtigkeit nicht widersprechen? Nun sind Sie sicher gespannt, wie es weitergeht. Kommen Sie mit auf die nächsten Höhepunkte unserer Entdeckungsreise.

Ihr größtes Privileg:
Gott persönlich kennen

Kann es für uns kleine, menschliche Wesen etwas Erhebenderes geben, als den näher kennenzulernen, der die unendlichen Dimensionen des Weltalls und die Schönheit unserer Welt hervorgebracht hat? Sie mögen es vielleicht für unmöglich halten, aber es ist tatsächlich der Wunsch Ihres Vaters im Himmel, Sie so nah und persönlich an sich heranzulassen, dass Sie Ihn zunehmend verstehen und in Sein unvergleichliches Wesen hineinblicken dürfen.

Wie Sie Gott kennenlernen

Als Jesus vor 2000 Jahren den Himmel verließ, um Mensch zu werden, wollte Er uns zeigen, wer Gott ist. Wörtlich erklärte Er eines Tages einem Seiner Nachfolger: «Wer mich sieht, sieht den Vater» (Johannes 14,9). Wenn Sie also Gott immer besser verstehen wollen, gibt es für Sie einen einfachen Weg: hören Sie, was Jesus über den himmlischen Vater gesagt hat. Wenn Sie das Neue Testament lesen oder über das Leben von Jesus hören, wird etwas Grandioses in Ihnen ablaufen: Gottes Heiliger Geist, den ich Ihnen später noch genauer vorstellen möchte, wird Sie, bildlich gesprochen, an der Hand nehmen und mit Jesus und dem Vater immer mehr vertraut machen. Dem Geist Gottes geht es nicht in erster Linie um die Vermehrung von Wissen über Gott. Ein weit größerer Prozeß wird in Ihrem Herzen ablaufen: Ihrer neuen Persönlichkeit sollen die inneren Augen für die große Liebe und die Herrlichkeit Gottes geöffnet werden (2. Korinther 4,6). In unserem Leben ohne Gott hatten wir überhaupt keinen Einblick in diese Realitäten. Wenn wir jetzt aber diese geistlichen Tatsachen wahrnehmen, erfüllen sie unser Leben mit Liebe und Hoffnung.

Warum Sie sich ganz auf Jesus verlassen können

Ich möchte Ihnen einige Fakten nennen, die mich überzeugen, mich hundertprozentig auf Jesus zu verlassen:

1. Die Voraussagen über Ihn

Im Alten Testament, das ja lange vor Jesu Geburt geschrieben wurde, sind in einem Zeitraum von 4'000 Jahren klare, zum Teil sehr detaillierte Aussagen über Jesus gemacht worden. In den 44 Büchern des Alten Testamentes finden sich Angaben zur Herkunft von Jesus, zu Seiner Geburt, zu Seinem Leben, Sterben, Seiner Auferstehung und Himmelfahrt. Der Prophet Jesaja beschreibt Einzelheiten des Todes Jesu am Kreuz (Jesaja 53). König David schreibt im Psalm 22 Worte, die Jesus dann am Kreuz aussprach (Psalm 22,1).

2. Die Geschehnisse in den Tagen Seiner Geburt

Ist es nicht einzigartig, dass Engel erscheinen und die Geburt Jesu einer Gruppe von Menschen (Hirten) bezeugen (Lukas

2,8-14)? Kein irdischer Vater ist an der Entstehung des Lebens im Körper der Mutter Jesu, Maria, beteiligt. Gott selbst pflanzt durch den Heiligen Geist eine Zelle ein, die sich teilt und vermehrt. So wird ein Kind geboren, das einerseits hundertprozentig Mensch, anderseits hundertprozentig Gott ist. Nie vorher und nie nachher hat es dieses Wunder gegeben.

Ein Stern wird in den Tagen der Geburt Jesu - übrigens auch das war Jahrtausende zuvor vorausgesagt worden (4. Mose 24,17) - in Bewegung gesetzt, bis er über Bethlehem zum Stehen kommt. Gott, Engel, Menschen und die Schöpfung sind bei der Geburt des Sohnes in Bewegung. - Das ist einzigartig in der Geschichte - so, wie eben Jesus einzigartig ist.

3. Das Leben Jesu

Niemals hat eine Person gelebt und gehandelt wie Jesus. Er wandte sich mit Barmherzigkeit den Schwachen, Verstoßenen und Kranken zu. Er war absolut unbestechlich. Weder durch Kritiker noch durch Verehrer ließ Er sich von Seinem Weg abbringen. Weder die reizendste Frau noch die heißesten Verlockungen des Teufels durch Macht, Geld oder Ehre konnten Ihn zu Fall bringen (Lukas 4,1-13). Jesus war der einzige, der nie ein Gebot des Vaters übertrat, nie einer einzigen Sünde schuldig wurde. - Sein Leben ist rein und vollkommen - einzigartig!

4. Worte, die die Welt verändert haben

Einzigartig ist auch Jesu Botschaft. Da ist zum Beispiel die Bergpredigt, die Sie im 5. bis 7. Kapitel des Matthäus-Evangeliums finden. Oder die bekannten letzten Worte Jesu auf Erden (Matthäus 28,18-20). Wenn wir Jesu Worte lesen, verspüren wir: Jesus bringt das Leben. Liebe und Wahrheit verbinden sich in Seinen Worten auf einzigartige Weise. Er kennt den Vater und zeigt uns den Weg zum Vaterherzen Gottes (Lukas 15). Er kennt uns Menschen und trifft mit Seinen Aussagen ins Schwarze. Er legt unsere tiefsten Sehnsüchte frei, aber auch unsere Ängste und Verirrungen (Matthäus 15,19). Seine Worte sind wie ein durchdringendes Schwert – sie haben Tiefenwirkung. Seine Worte sind aber auch heilende Salbe, verbinden unsere Wunden und geben Hoffnung, Halt, Gewißheit und Heilung.

Er spricht nicht nur die Wahrheit – Er *ist* die Wahrheit! Er ist kein Religionsstifter, der im Dickicht von Sünde und geistiger Dunkelheit nach Licht und Wahrheit Ausschau hält. Jesus ist das Licht und die Wahrheit. Jesus ist einzigartig!

5. Unvergleichliche Taten

Jesus machte aber nicht nur viele schöne Worte. Bei Ihm stimmten Worte und Taten überein. Er hatte nicht nur gute Absichten, Er führte sie auch aus. In allem, was Jesus tat, war er getrieben von der Liebe zu Seinem Vater und zu den Menschen. Nie mißbrauchte Er die Ihm verliehene Autorität, um sich an Feinden zu rächen oder um sich persönliche Vorteile zu verschaffen. Nein, Jesus wandte sich den Menschen zu, die in Leid, Schuld, Krankheit und Not gefangen waren. Ihnen schenkte Er Heilung, Befreiung und Vergebung. Sein größtes Werk, das grausame Sterben am Kreuz, hatte nur ein Ziel: den Menschen mit Gott zu versöhnen.

Jesus Christus, der Sohn Gottes, hatte Macht, ohne ein Machtmensch zu sein. Niemand hat je größere Autorität gehabt als Er. Aber nie war Jesus autoritär. Sein Handeln brachte der Welt Rettung, Heilung, Versöhnung. Gewiß hat es in der Geschichte Menschen gegeben, die sich vorbildlich für andere einsetzten, aber niemand reicht auch nur annähernd an Jesus heran. – Er ist einzigartig.

Weil Ihr Glaube auf festem Fundament gegründet sein soll, möchte ich Ihnen gerne noch drei weitere Grundlagen in Bezug auf die Einzigartigkeit Jesu vor Augen führen.

6. *Sein Leiden und Sterben*

Sie werden mir sicher zustimmen: unter Qualen sind Ungezählte aus dem Leben geschieden. Wir Menschen haben unerhörtes Leid auf Erden angerichtet. Aber das Sterben Jesu hat noch ganz andere Dimensionen. Als man ihn geißelte und kreuzigte, war Jesus nicht nur physischen Schlägen, Schmerzen und Qualen ausgesetzt. Noch viel größer muß der Schmerz gewesen sein, den Jesus durch die Einwirkung der bösen Macht Satans in Seinem Inneren durchlebte. Die Bibel berichtet zum Beispiel vom Todeskampf Jesu im Garten Gethsemane. Das innerliche Ringen war so groß, dass der Schweiß Jesu zu Blutstropfen wurde. Am Kreuz schließlich schrie Jesus voll Verzweiflung: «Mein Gott, mein Gott, warum hast du mich verlassen?»

Mir fehlen die Worte, um die Not, die Jesus für Sie und mich durchlebt hat, auch nur annähernd zu beschreiben. Jesus starb nicht für eine Idee, für eine gute Sache. Jesus starb für Menschen. Doch trotz unermeßlichem Schmerz starb Er siegreich! Er wußte, dass Er mit Seinem Sterben Seine Aufgabe zu Ende brachte. Kurz vor Seinem Tod konnte Er sagen: «Es ist vollbracht!» Weder die nervenzerreibenden Qualen noch die tonnenschwere satanische Macht, die Ihn höhnend umgab, konnten Ihn davon abhalten, den von Gott vorgegebenen Weg zu gehen. Und so ertönt am Ende der laute Ruf: «Vater, in deine Hände befehle ich meinen Geist», dann starb Jesus.

Nun war das Opfer gebracht. Die Anklageschrift gegen jeden sündigen Menschen wurde zerrissen, ebenso wie der Vorhang im Tempel, der in diesem Moment von unsichtbaren Händen von oben nach unten durchgetrennt wurde. Eine Sonnenfinsternis. Ein Erdbeben. Auferstehung von Toten. Der römische Hauptmann, der das Sterben Jesus aus nächster Nähe miterlebt hatte, musste zugeben: «Dieser war wirklich Gottes Sohn.» Dies alles zeigt, dass Jesu Tod anders war als das Sterben anderer Menschen. – Auch Sein Tod ist einzigartig!

7. Seine Auferstehung

Nachdem Jesus von den Toten auferweckt wurde, begegnete Er Zweiflern und Hoffenden. König David hatte etwa 1000 Jahre vor Christi Geburt prophezeit, dass Christus nicht im Totenreich bleiben und verwesen würde (Psalm 16,10). Genau das erfüllte sich bei Jesus. Am dritten Tag holte Gott der Vater Ihn von den Toten zurück.

Jesus hatte dies Seinen engsten Nachfolgern bereits vorausgesagt. Aber obwohl sie Jesu Wunder, ja sogar Totenauferweckungen mit ihren eigenen Augen gesehen hatten, rechneten sie nicht mit der Auferstehung. Als Er dann als der Auferstandene zu Ihnen kam, wichen ihre hartnäckigen Zweifel erst, nachdem Er vor ihren Augen aß und sie Seine Wunden sehen und fühlen konnten. In verschiedenen Begegnungen stärkte Jesus nun den Glauben Seiner Nachfolger. Er richtet den an seiner eigenen Stärke zerbrochenen Simon Petrus wieder auf. Er erklärt seinen Freunden die Bedeutung Seines Sterbens. Er gibt ihnen Einsicht in die Herrschaft Gottes. Er macht ihnen deutlich, dass Gottes Hilfe und Rettung nun für alle Menschen in allen Völkern gilt. Darum schickt Er Seine Nachfolger in alle Welt, um die Botschaft von Liebe, Hoffnung und Befreiung zu bringen. Dann ruft Er sie auf einen Berg zusammen und kehrt vor ihren Augen in die himmlische Welt zurück.

Kennen Sie aus der gesamten Geschichte der Menschheit einen glaubwürdigen Bericht einer solchen Auferstehung von den Toten? Haben Sie je von einem anderen Menschen gehört, der seine Freunde mit Heiligem Geist füllte, ihnen Autorität übertrug und dann in den Himmel auffuhr? Jesus ist einzigartig!

8. Sein weltweites Wirken – bis heute

In der Kirchengeschichte ist vieles falsch gelaufen. Kirchen und Kreuzritter versuchten allzu oft, den Glauben mit Macht aufzuzwingen. Doch das Evangelium der Liebe hat dennoch den Weg in die Herzen von Millionen Menschen gefunden. Jedes Kind und jeder Erwachsene, der das Evangelium von Jesus hört, darf sich persönlich und ohne Druck für oder gegen Gottes Liebesangebot entscheiden. Keiner wird von Gott dazu gezwungen oder manipuliert. Was Ungezählte aber letztlich zu Ihm gezogen hat, ist die persönliche Begegnung mit der Liebe Jesu. Jesus ist durch den Heiligen Geist gegenwärtig und wirkt seit zwei Jahrtausenden. Durch Gottes Liebe sind unzählige soziale Werke für Kinder, Kranke, Betagte und Benachteiligte entstanden. Immer wieder gründeten Männer und Frauen durch den inneren Antrieb von Jesus Gemeinden und Werke, in denen leidenden Menschen durch die Liebe Gottes geholfen wurde. – Orte, wo Gott Herzen veränderte und damit neues Denken und Handeln bewirkte. Das geschieht bis heute. Jesus hat nichts von Seiner Einzigartigkeit verloren!

Jesus ist nun also beim Vater. Der Vater hat Ihn eingesetzt zum himmlischen König über alle Völker und Nationen.

Durch Seinen Heiligen Geist ist Er aber auch bei uns und wohnt in Ihnen und mir. Er hat das brennende Verlangen, dass Sie noch viel stärker in Seine Liebe und Segnungen hineinwachsen.

Geht es Ihnen an dieser Stelle vielleicht ähnlich wie mir? Angesichts dieses liebenden und uns so zugewandten Gottes kann ich nur staunend anbeten. Doch fehlen mir die Worte. Ich schaue einfach auf zu Gott. In meinem Innern klingt es «Niemand ist wie Du! Ich bin überwältigt! Ich bete Dich an! Zu Dir, o Vater, und Dir, Herr Jesus Christus, will ich gehören – in alle Ewigkeit!»

Nehmen Sie sich ruhig öfter einige Minuten Zeit, um Gott zu bewundern und zu erheben. Sie können das still in Ihrem Herzen oder hörbar mit Worten tun. Vielleicht singen Sie Ihm auch ein Lied des Staunens und Dankens.

Die Welt mit anderen Augen sehen

Wir haben miteinander einen atemberaubenden Blick in die Größe und Herrlichkeit Gottes getan. Unsere Schau ist zwar noch sehr begrenzt im Vergleich zu der Liebe und Majestät, die in Gott wirklich vorhanden sind. Begeben wir uns nun miteinander in die Welt, in der Sie und ich leben. Wir haben nicht nur eine andere Sicht von Gott erhalten, sondern beginnen auch unser irdisches Dasein nun in einem neuen Licht zu sehen.

Ich gehe davon aus, dass Sie Gottes Geschenk angenommen und Ihr Leben unter die Führung von Jesus gestellt haben. Sie sind auf Gottes Angebot eingegangen und das hat Sie in den Genuß einer unvorstellbaren Zuwendung geführt: Sie sind jetzt ein rechtmäßiges Kind von Gott (Johannes 1,12). Er hat Sie vorbehaltlos angenommen. Er hat Ihre Sünden vergeben (1. Johannes 1,9) und Sie in Seine väterlichen Arme geschlossen (Lukas 15,11-24).

Selbst wenn Sie als Kind nie das Vorrecht hatten, zärtliche Vater- oder Mutterarme um sich zu spüren - Gott hat sich Ihnen jetzt so zugewandt, Ihnen jegliche Schuld erlassen und Sie in Seine liebende Fürsorge aufgenommen. Sie stehen nicht länger unter dem gefallenen geistigen Fürsten - Satan - der stets darauf aus war, Sie zu verführen und Sie für Gottes Liebe und Führung blind zu halten. Vielmehr sind Sie nun geistig regelrecht auf einen neuen Boden versetzt worden (Kolosser 1,13).

Nicht nur der Ballast Ihres Versagens gegen Gott ist Ihnen durch Jesus völlig abgenommen worden, sondern auch das Beherrschtwerden durch den Teufel hat nun ein Ende gefunden. Ihr Leben ist jetzt auf eine neue Grundlage gestellt. Sie sind aus geistiger Gefangenschaft befreit. Auf freiem Fuß will Gott mit Ihnen nun eine neue Existenz aufbauen.

Diese beginnt nicht in erster Linie mit Äußerlichkeiten, sondern hat in Ihrem Herzen ihren Anfang genommen. In Ihnen ist etwas ganz neu geworden. Gott hat Ihnen ein neues Herz und einen neuen Geist geschenkt (Hesekiel 36,26-27; Johannes 3,5-6; 2. Korinther 5,17).

Jetzt will Er Ihnen die geistigen Augen für einen neuen Weg, neue Werte und ein neues Bewußtsein öffnen (Johannes 14,6). Das wird sich im Lauf der Zeit immer konkreter im täglichen Leben auswirken und erstaunliche Folgen haben.

Alles Sichtbare hat einen geistigen Ursprung

Als erstes dürfen Sie erkennen, dass die materielle Welt, die Schöpfung um Sie herum, geistigen Ursprungs ist. Auch Ihre Persönlichkeit, Körper, Seele und Geist sind Gottes großartiges Kunstwerk. Auf den ersten Seiten der Bibel wird erzählt, wie die Welt von Gott erschaffen wurde. Die Atome, die winzigen Bausteine der Materie, haben sich nicht von alleine entwickelt. Gott hat sie geschaffen. Dazu bezeugt die Bibel etwas Außerordentliches, nämlich dass Gott die Materie einfach durch Sein Sprechen und das schöpferische Wirken Seines Geistes hervorgebracht hat (1. Mose 1,1-25; Römer 4,17). Sehen Sie, wenn wir etwas produzieren wollen, benötigen wir Rohstoffe oder irgendwelche Materialien. Ein Bildhauer ohne Steine ist hilflos. Ein Automobilhersteller ohne Teile von Seiten der Zulieferer chancenlos. Ein Verlag ohne Papier und Druckmaschinen wertlos. Gott, der jetzt Ihr Vater ist, ist völlig anders. Er braucht weder Zulieferer noch Rohstoffe. Alles hat in Ihm selbst seinen Ursprung. Er beabsichtigt etwas, Er spricht es ins Dasein und Sein Geist gibt dem Reden Gottes Form, Gestalt und Leben. Unvorstellbar und doch so wirklich!

Wenn alle sichtbaren Dinge einen geistigen Ursprung haben – das Gute und Vollkommene in Gott, das Zerstörerische und Böse in Satan – dann ist eines ganz klar: Das Geistige steht über dem Materiellen! Gott steht über Seiner Schöpfung! Sie ist Ihm unterstellt. Nicht die sichtbaren Dinge sind ewig, sondern die geistigen. Und das Materielle ist dem unterworfen, der es gemacht hat. Er kann jederzeit Einfluß auf die Schöpfung (Materie) nehmen. Jesus bewies das immer wieder, indem Er Kranke heilte, Tote auferweckte und sogar auf dem Wasser wandelte. Unter Seinen segnenden Händen vermehrten sich wenige Brote und Fische so, dass 5000 Menschen gespeist werden konnten (Matthäus 14,14-21).

Gott sorgt für uns

Warum teile ich Ihnen das mit? Nun, die Tatsache, dass das Geistige über dem Materiellen steht, ist für Ihr neues Leben sehr wichtig. Gott verspricht Ihnen, für Sie zu sorgen! Selbst Essen, Trinken und Ihre Bekleidung sind Ihm nicht egal. So groß Er auch ist, Er kümmert sich gerne um das Leben Seiner Kinder. Jesus sagt «Darum sage ich euch: Sorgt nicht um euer Leben, was ihr essen und trinken werdet; auch nicht um euren Leib, was ihr anziehen werdet. Ist nicht das Leben mehr als die Nahrung und der Leib mehr als die Kleidung? Achtet doch auf die Vögel unter dem Himmel: sie säen nicht, sie ernten nicht, sie sammeln nicht in die Scheunen; und euer himmlischer Vater ernährt sie doch. Seid ihr denn nicht viel mehr als sie? Wer unter euch kann sein Leben verlängern, auch wenn er sich noch so sehr darum sorgt? Warum also sorgt ihr euch um die Kleidung? Schaut die Lilien auf dem Feld an, wie sie wachsen: sie arbeiten nicht, auch spinnen sie nicht. Ich sage euch, dass auch Salomo in aller seiner Pracht nicht gekleidet gewesen ist wie eine von ihnen. Wenn nun Gott das Gras auf dem Feld so kleidet, das doch heute steht und morgen in den Ofen geworfen wird: sollte er das nicht viel mehr für euch tun, ihr Kleingläubigen? Darum sollt ihr nicht sorgen und sagen: Was werden wir essen? Was werden wir trinken? Womit werden wir uns kleiden?» (Matthäus 6,25-31).

Gott, Ihr liebender Vater, steht über allem. Er sorgt für Sie! Er legt segnende Hände auf Ihr tägliches Leben, Essen, Trinken, Beruf, Finanzen, Gesundheit, Beziehungen mit Ihren Mitmenschen und, und, und ...

Gott tut so vieles, ohne dass wir uns dessen bewusst sind. Jesus sagt, dass Gott Seine Sonne über Guten und Bösen aufgehen läßt. Es ist Gott, der wasserspendenden Regen schenkt (Matthäus 5,45). In jede Frucht hat Er Samen zur Reproduktion eingebaut. Diesen Segen und dieses Wachstum schenkt Gott seit Jahrtausenden.

Aber Ihr Vater tut noch weit mehr. Er möchte nun auch in Gebiete Ihres Lebens eingreifen, wo Sie durch eigene oder fremde Schuld in Nöte und Konflikte geraten sind. Hier gilt es aber, etwas Wichtiges zu entdecken: Jesus lehrt uns, dass unser himmlischer Vater uns an Seinem Handeln beteiligt. Bestimmte Veränderungen werden sich nur dann einstellen, wenn wir mit Gott zusammenarbeiten. Das macht deutlich: wir sind nicht irgend einem Schicksal ausgeliefert, das unwiderruflich seinen Lauf nimmt. Nein, wir sind Seine Kinder, Gottes Partner, die Er respektiert und an Seinem Handeln beteiligen will. Das gibt uns Würde, Adel – und auch ein Mitbestimmungsrecht.

Gott hat unser Bestes im Sinn

Wir haben zuvor gesehen, dass die diesseitige Welt unter geistigem Einfluß steht. Weil dem so ist, hat Gott den ausdrücklichen Wunsch, uns mit Seinen Gedanken, sprich Seinen Worten, zu erleuchten und mit Seinem Geist, Seinem Wesen, zu erfüllen. Ganz einfach ausgedrückt heißt das: Wir gestatten Gott, unsere Gedanken mit Seinen Gedanken zu erfüllen und unseren Charakter von Seinem Wesen verändern zu lassen.

Das ist durchaus keine Fremdbestimmung oder Manipulation. Es ist vielmehr ein unvergleichliches Angebot. Es geschieht aber nicht automatisch. Gott lädt uns dazu ein. Wir können das annehmen oder ablehnen; mit Ihm zusammenarbeiten oder in unserem alten Denken stecken bleiben. Wir haben entdeckt, dass Gott uns liebt, und unser Bestes im Sinn hat. Seine Absichten bringen uns höchste Lebenserfüllung. Wir brauchen Seine Hilfe. Darum gereicht es uns zum größten Vorteil, Seine Gedanken zu verstehen und nach Seinen Absichten zu handeln. Wenn wir nach Seinem Wort handeln, werden wir vor dem Bösen bewahrt, uns bleiben Irrwege erspart und wir haben Erfolg (siehe Josua 1,7-9).

Sehen Sie, es war Jesus ein großes Anliegen, Seinen Nachfolgern, den Jüngern, so viel wie möglich über Gottes Absichten zu erzählen. Er nahm sich immer wieder Zeit, die Menschen zu unterrichten und ihnen den Weg zu zeigen (z.B. Matthäus 5-7; Johannes 14,6). Parallel dazu machte Er ihnen durch Sein Vorbild und Beispiel deutlich, wie Gott ist und wie Er handelt. Mit anderen Worten: Theorie und Praxis verwandeln sich zu einem lebendigen Beispiel. Jesus lehrte die Leute, ihren Mitmenschen zu vergeben, wenn sie ungerecht behandelt worden waren. Zudem konnten alle an ihm selbst beobachten, dass er das Geforderte selbst praktizierte.

Jesus brachte den Menschen bei, dass Ehebruch nicht im Bett, sondern in den Gedanken beginnt (Matthäus 5,27-28). Er gab ihnen aber auch unzählige Male positiven Anschauungsunterricht, indem Er Frauen gegenüber eine warmherzige, wertschätzende, aber sexuell distanzierte Haltung einnahm.

Beim Lesen des Neuen Testamentes entdeckte ich in den Worten Jesu drei grundsätzliche Linien:

1. Jesus zeigt mir auf, wie Gott über das Leben denkt.
2. Er gibt mir Anweisungen, wie ich handeln soll, wie mein Leben zum Guten, zum Erfolg geführt wird.
3. Er warnt mich vor Gedanken und Handlungen, die mir oder andern schaden.

In der Bibel teilt Gott uns mit, wie Er die Dinge sieht. Und Er bietet uns Seine Hilfe an, diese Richtlinien in unserem Leben anzuwenden. Allerdings werden Sie dabei auf eine sehr unangenehme Tatsache stoßen: Sie werden in einen Konflikt verwickelt. Das ist schmerzlich und klingt nach all dem Wunderbaren, das wir bisher entdeckt haben, sehr negativ. Doch lassen Sie es mich vorwegnehmen: dieser Konflikt wird nicht zu Ihrem Verhängnis, sondern ermöglicht Ihnen, Gottes Liebe und Kraft noch stärker zu erleben. Ich möchte Ihnen Mut machen, das nächste Kapitel zu lesen und unsere Entdeckungsreise fortzusetzen.

Altes gegen Neues eintauschen

Auf den vergangenen Seiten haben wir einige Richtlinien kennengelernt, die Jesus für ein gelingendes Leben gesetzt hat. Es ist offensichtlich, wie radikal die Werte unserer Gesellschaft von Gottes Wegen abweichen. Der moderne Mensch mag zwar dem Grundsatz der Nächstenliebe zustimmen. Man will ja schließlich human, eben ein guter Mensch sein. Werden jedoch diese Punkte einem Härtetest unterzogen, dann «bin ich mir doch selbst der Nächste».

Je mehr wir Gott kennen, desto mehr treffen wir auf Anweisungen Jesu, die heftigen Widerspruch in uns auslösen. Noch einmal eine kurze Rückschau. Wir hielten fest, dass die Materie vom Geistigen bestimmt wird. Zum einen existiert die geistige Dimension des Satans und seiner untergebenen Geistwesen. Wir wissen um den verletzenden, krankmachenden und tödlichen Einfluß des Bösen. Auf der anderen Seite haben wir Gottes Einfluß entdeckt, der sich in Liebe, Reinheit und wahrer Gerechtigkeit zeigt. So ist es geradezu logisch, dass diese beiden gegensätzlichen Geistesrichtungen in unserer Welt Auswirkungen haben. Es kann von daher nicht verwundern, dass die Gedanken Gottes, Seine Worte, auf teilweise großes Unverständnis und heftigen Widerstand stoßen. Denn sie kollidieren mit den Gedankenmustern, die das Handeln der meisten Menschen bestimmen – Menschen, die ihr Leben noch nicht unter Jesu befreiende Macht gestellt haben.

Der Kampf im eigenen Herzen

Und noch etwas ist hier für Sie und mich ganz wichtig: auch wenn wir uns Jesus Christus und Seinem Einfluß zugewandt haben, beeinflussen uns noch viele falsche Ansichten, Überzeugungen und Vorstellungen über das Leben, über uns und andere, über Gott, und, und und … Diese Gedankenmuster haben sich in der Zeit gebildet, als wir noch ohne den Geist Gottes lebten. Jetzt, nachdem Gottes Geist in uns lebt, rufen diese Gegensätze in unserer Persönlichkeit Konflikte hervor. Das sieht in der Praxis so aus: Wir erkennen zum Beispiel aus der Bibel, dass wir Menschen, die uns verletzt haben, vergeben sollten. Gott wünscht, dass wir sogar unsere Feinde lieben und denen Gutes tun, die uns hassen. Wenn uns nun jemand beleidigt, entdecken viele von uns, wie sich in unserem Innern noch regelrechte «Antibotschaften» befinden. Wir denken vielleicht daran, diesem schwierigen Menschen sein unangenehmes Verhalten zu vergeben. Doch da taucht in uns auch ein anderer Gedanke auf, nämlich uns zu rächen, zurückzuschlagen, Böses mit Bösem zu vergelten.

Ein Freund Gottes beschreibt diesen Kampf so: «Ich mache immer wieder dieselben Erfahrungen: Ich will das Gute tun, aber ich tue das Böse. Ich wünsche mir nichts sehnlicher, als Gottes Gesetz zu erfüllen. Dennoch handle ich nach einem anderen Gesetz, das in mir wohnt. Dieser Widerspruch zwischen meiner richtigen Einsicht und meinem falschen Handeln beweist, dass ich ein Gefangener der Sünde bin. Ich unglückseliger Mensch! Wer wird mich jemals aus dieser Gefangenschaft befreien? Gott sei Dank! Durch unseren Herrn Jesus Christus sind wir bereits befreit» (Römer 7,21-25, nach Hoffnung für Alle).

Der Autor dieser Zeilen, der Apostel Paulus, hatte Gottes Liebe bereits erlebt. Gott hatte ihm seine Schuld vergeben und ihn bedingungslos als sein Kind angenommen. Als er den beschriebenen Konflikt erlebte, wohnte Gottes Geist bereits in ihm. Das merkte Paulus daran, dass er in sich das Verlangen verspürte, dem Gesetz Gottes zu gehorchen. Er verzweifelte aber fast, weil er in Seinem Innern auch einen heftigen Widerstand gegen die guten Absichten Gottes erlebte. So geht es auch mir und Ihnen.

Muss ich an diesem Konflikt zugrunde gehen?

Keineswegs! Wenn Sie die Worte von Paulus weiterlesen, werden Sie eine phantastische Entdeckung machen. Sie ist auch für mich zum Schlüssel für ein siegreiches Leben geworden. Er beschreibt im 8. Kapitel des Briefes an die Römer, wie ihm der Heilige Geist aus diesem verhängnisvollen Zwiespalt herausgeholfen hat und in den Situationen des Lebens zur Seite steht. «Wer nun zu Jesus Christus gehört, wird der Verurteilung durch Gott entgehen, er wird leben. Denn für ihn gilt nicht länger das Gesetz der Sünde und des Todes. Es ist durch ein neues Gesetz aufgehoben, nämlich durch das Gesetz des Geistes Gottes, der durch Jesus Christus das Leben bringt» (Römer 8,1-2).

Dann bezeugt Paulus, wie er einer Kraft begegnete, die ihn förmlich über die Macht der Sünde in seinem Innern heraushob und zu einem Denken und Handeln befähigte, das in zunehmender Übereinstimmung mit Gottes Plan und Willen ist.

«Jetzt können wir den Willen Gottes tun, wie es das Gesetz schon immer von uns verlangt hat; denn jetzt bestimmt Gottes Geist, und nicht mehr die sündige, menschliche Natur unser Leben. Wer nur seinen menschlichen Wünschen und Trieben folgt, der bleibt seiner sündigen Natur ausgeliefert. Wenn aber Gottes Geist in uns wohnt, wird auch unser Leben von Seinem Geist bestimmt. Was uns die alte, sündige Natur einbringt, sind Verzweiflung und Tod. Gottes Geist aber schenkt uns Frieden und Leben» (Römer 8,4-6).

Kompetente Hilfe

Sehen Sie, Gott stellt Ihnen und mir einen kompetenten Helfer zur Seite, der uns nicht nur aufs beste berät, sondern auch mit der nötigen Kraft versorgt. Dieser Helfer ist der Heilige Geist. Er ist eine wundervolle, unsichtbare, aber wirkliche Persönlichkeit, die mit Ihrem und meinem neuen Geist kommuniziert (Römer 8,16). Der Heilige Geist hebt uns über das Gesetz der Schwerkraft der Sünde hinweg.

Lassen Sie mich Ihnen diesen Helfer, den Heiligen Geist, etwas näher vorstellen. Auch wenn Sie Ihn vielleicht bisher nur vom Hörensagen kennen, hat Er doch bereits Erstaunliches in Ihrem Leben bewirkt. Er hat in Ihnen das Interesse geweckt, nach Gott zu fragen. Jesus sagte: «Keiner kann zu mir kommen, wenn ihn der Vater nicht zu mir zieht» (Johannes 6,44). Genau das hat der Heilige Geist auch bei Ihnen bewirkt: eine innere Bereitschaft, nach Gottes Wirklichkeit zu suchen, Ihn kennenzulernen und auf Ihn einzugehen.

Wenn nun der Heilige Geist in Ihrem Leben aktiv ist, was sind dann Seine weiteren Ziele mit Ihnen?

1. Er hilft Ihnen, Gott immer besser kennenzulernen.
2. Er will Sie verändern, das heißt, immer mehr befähigen, von Jesus geführt und seinem Denken und Handeln ähnlich zu werden.
3. Er schenkt Ihnen Kraft, Weisheit und Führung für Ihr Leben in dieser Welt.
4. Er vermittelt Ihnen Hilfe und stattet Sie mit Gaben aus, um Gottes Sache in dieser Welt zu fördern, Menschen zu lieben, ihnen Gutes zu tun, und auch andere zu einer Beziehung mit Jesus zu ermutigen.

Ich möchte Ihnen das näher illustrieren: Vor 2000 Jahren war es Jesus, der mit einer Gruppe von 12 Männern zusammenlebte und arbeitete. Genau so ist es heute mit dem Heiligen Geist und Ihnen. Gottes Geist hat nämlich die gleiche Aufgabe übernommen, die Jesus damals bei den Jüngern wahrnahm. Zu jenem Zeitpunkt erklärte Jesus den Menschen, wer Gott ist und wie Er wirkt. Sie faßten Vertrauen, Glaube wuchs in ihren Herzen und so erlebten sie im Alltag immer stärker die Wirklichkeit Gottes. Im Zusammensein mit Jesus wurden Seine Nachfolger wesentlich verändert. Sie entdeckten Charakterzüge an sich, die nicht gut waren und wurden durch das Beispiel Jesu nachhaltig in ihrem Denken und Verhalten verändert.

So gibt uns der Heilige Geist heute Kraft, Weisheit und Führung für unser Leben. Damals erhielten die Jünger durch Jesus Anleitung und Führung. Jesus war ihr Lehrer und Helfer. Diese Rolle übernimmt für Sie und für mich heute der Heilige Geist. Jesus gab den Jüngern dazumal Autorität und

Kraft, Menschen zu helfen, sie zu lieben, und ihnen zu dienen. Genau das legt der Heilige Geist heute in Ihr und mein Leben.

Gottes Hilfe konkret erfahren

Kommen wir noch einmal zurück auf die inneren Auseinandersetzungen zwischen Gut und Böse in uns. Der Heilige Geist will uns helfen, nicht mehr von den Wünschen unseres Körpers und von den üblichen Denk- und Verhaltensmustern beherrscht zu werden. Er überzeugt uns von der Zuverlässigkeit der Aussagen Jesu und hilft uns, diese praktisch auszuleben.

Wenn Sie nun erleben, dass sich in Ihnen Widerstand gegen Gottes gute Absichten und Aufträge in Ihrem Herzen regen, wenden Sie sich doch in einem schlichten Gebet an Jesus. Das könnte sinngemäß so klingen: «Herr Jesus! In mir ist ein Widerstreit. Ich weiß, dass ich entsprechend Deinen Worten handeln sollte. Aber ich schaffe das nicht aus mir selbst. Bitte komme mir mit Deinem guten Heiligen Geist zu Hilfe. Ich danke Dir für Deinen Beistand.» Es ist vielleicht noch hilfreicher, wenn Sie die aktuelle Situation in ihrem Gebet erwähnen; zum Beispiel: «Ich komme mit dieser Person einfach nicht zurecht. Bitte hilf mir durch Deinen Geist. Schenke mir Deine Liebe und Deine Barmherzigkeit. Ich danke Dir, dass ich mit Deiner Hilfe rechnen darf.»

Sie werden erleben, dass dieses Gebet wirkt. Jemand hilft Ihnen auf die Beine. Er befähigt Sie, das Unmögliche zu tun, zum Beispiel zu vergeben, Ihre Haltung zu ändern, zu lieben, mutige Schritte zu tun, alte Gewohnheiten abzulegen, ...

Immer wieder dürfen Sie erleben, wie der Heilige Geist in den vier Bereichen, die ich Ihnen oben aufgezeigt habe, gerne zu Hilfe kommt. Seine Kenntnis unseres irdischen Lebens ist viel, viel größer als alles, was wir uns je an Wissen aneignen könnten. Seine Kompetenz ist unbegrenzt. Sehen Sie, selbst Jesus, der ja Gottes Sohn ist, benötigte auf Erden die Führung und Hilfe des Heiligen Geistes. Dieser wunderbare Beistand kam auf Ihn und erfüllte Ihn, nachdem Er sich im Jordan hatte taufen lassen. Der Vater im Himmel wartet darauf, dass auch Sie um diesen wunderbaren Geist bitten. Woher ich Ihnen das so sicher sagen kann? Jesus sagte: «Wenn schon ihr hartherzigen, sündigen Menschen euren Kindern Gutes gebt, dann wird doch der Vater im Himmel erst recht denen seinen Heiligen Geist geben, die ihn darum bitten» (Lukas 11,13).

An Gottes Lebenskraft beteiligt

Ist es nicht atemberaubend, dass Gott uns ein solches Angebot macht, uns an Seinem Geist und Seiner Kraft teilhaben zu lassen?! Ein wichtiger Schritt bereitet Sie auf die Zusammenarbeit mit dem Heiligen Geist vor, und zwar in einer zweifachen Weise. Erstens versetzt Gott der Herrschaft der Sünde in Ihrem Innern den Todesstoß, so dass Sie nicht mehr gezwungen sind, sich von der dunklen Macht der Sünde dominieren zu lassen. Sie können zwar im täglichen Leben durchaus alte, falsche und schmerzhafte Reaktionsmuster wiederholen. Aber, und das ist das Gewaltige, Sie müssen es nicht mehr! Denn Sie sind durch Jesus zu einem neuen Leben befähigt. Und das führt zweitens dazu, dass Sie an Gottes Lebenskraft beteiligt werden. Die Bibel sagt, es ist die selbe

Kraft, die Jesus von den Toten auferweckte. Blicken wir doch miteinander in die Bibel hinein und lassen Gottes Wort direkt zu uns sprechen: «Er öffne euch die Augen, damit ihr seht, wozu ihr berufen seid, worauf ihr hoffen könnt und welch unvorstellbar reiches Erbe auf alle wartet, die an Christus glauben. Ihr sollt erfahren, wie unermeßlich groß die Kraft ist, mit der Gott in uns, den Glaubenden wirkt. Ist es doch dieselbe Kraft, mit der er Christus von den Toten auferweckte und ihm den Ehrenplatz zu seiner Rechten gab» (Epheser 1,18-20).

Ist das nicht überwältigend? Diese Voraussetzungen hat Gott durch Jesus Christus für Sie geschaffen, und Er möchte, dass sie sich konkret in Ihrem Leben auswirken.

Wie nehmen Sie dieses Geschenk entgegen?

Als erstes durch Ihr Vertrauen! Sie hören jetzt davon und danken Gott einfach, dass dieses Angebot Ihnen gilt. Das ehrt Ihn und läßt Gottes Gaben in Ihr Leben fließen. Gott möchte, dass Sie diese Tatsachen unauslöschlich in Ihr ganzes Wesen aufnehmen. Daher ruft Er Sie zu einer bedeutsamen Handlung auf: Er möchte, dass Sie sich taufen lassen.

Es gibt im Neuen Testament keinen Bericht einer Kindertaufe. Diese Praxis hat sich erst in den Kirchen des 4. Jahrhunderts n. Chr. durchgesetzt. Eine Kinderbesprengung widerspiegelt nichts mehr von dem eigentlichen Sinn der biblischen Taufe. Jesus hat die Kinder in Seine Arme genommen und gesegnet, als die Mütter sie zu Ihm brachten. Aber getauft wurden nur Menschen, die vorher in einer persönlichen

Entscheidung zu Gott gefunden hatten und nun mit diesem Schritt ausdrückten: «Gott, wir gehören zu Dir!»

Lassen Sie mich das Ihnen noch klarer erläutern. Gott lädt Sie ein, Ihren Glauben mit einem sichtbaren Schritt zu bezeugen. Sie bekennen mit der Taufe vor den Engeln Gottes, vor Ihren Mitmenschen und mit Sicherheit auch vor der unsichtbaren, bösen Geisterwelt: «Ich glaube, dass Jesus für meine Schuld am Kreuz gestorben ist. So, wie Er begraben wurde und von den Toten auferstand, lasse auch ich jetzt mein altes, sündiges Leben mit Ihm sterben, begraben und stehe im Glauben mit Jesus für ein neues Leben auf.» So finden Sie das in der Bibel ausgedrückt (vgl. Römer 6,3–11).

Wozu ein öffentlicher Schritt?

Wir entdeckten bereits früher, dass das Geistige dem Materiellen übergeordnet ist. Wir sahen, dass die sichtbare Welt durch Gottes Wort und Seinen schöpferischen Geist geschaffen und gestaltet worden ist. Geist und Worte wurden zu meßbarer Substanz. Etwas davon machen auch Sie sichtbar, wenn Sie sich taufen lassen: Sie bekennen sich zu Jesus. Das ehrt und erfreut Ihn und stärkt Ihre Beziehung zu Gott, Ihrem Vater, und zu Jesus, dem Sohn Gottes, Ihrem Herrn und Freund. Durch die Taufe bezeugen Sie in Wort und Tat, dass Sie sich Ihm unterstellt haben und ein neuer Mensch geworden sind. Ein Mensch, der eng mit Gott zusammenleben und arbeiten will. Sie unterstellen auch Ihren Körper, Ihr materielles, äußeres Dasein dem Geist Gottes, der Sie lenken, führen, beleben und leiten soll.

Und Gott anerkennt diesen Schritt in einer besonderen Weise. Selbst Jesus war bereit, sich taufen zu lassen. Er hatte zwar nie gesündigt und musste kein altes, von der Sünde gezeichnetes Leben ablegen. Doch wollte Er mit diesem öffentlichen Schritt sichtbar machen: «Vater im Himmel, ich unterstelle mich Deiner Anordnung. Ich gehöre zu Dir und unterordne mich Deinem Geist nicht nur still in meinem Herzen, sondern auch bis in meine materielle Wirklichkeit, in meinen Leib hinein» (vgl. Matthäus 3,15).

So drücken auch wir in der Taufe aus: Das alte Leben der Unabhängigkeit von Gott hat den Tod verdient und wird nun sinnbildlich begraben. Das Wort taufen bedeutet wörtlich «untertauchen».

Die Taufe drückt aber noch eine weitere Dimension aus: Ich bin mit Christus zu einem neuen Leben auferstanden! Ich trete aus dem Wasser heraus, als Zeichen davon: ein neues Dasein ist angebrochen! Ich lebe unter der Herrschaft und der Liebe Jesu.

Wenn wir Gott glauben, Ihn lieben und uns Ihm unterordnen, bereiten wir dem Heiligen Geist einen wunderbaren Boden vor. Wenn wir Gott Macht geben über unsere Seele und unseren Körper, ist es für den Heiligen Geist einfach, uns zum Sieg über alte, sündige Wünsche und Charakterzüge zu führen, die tiefe Wurzeln in uns haben.

Mit dem Schritt der Taufe machen wir deutlich: «Dieser Körper gehört nun Dir, Gott! Verfüge Du über ihn und mach ihn zu einem Werkzeug guter Dinge». Dass Gott nicht leibfeindlich ist, wird alleine schon durch die Tatsache belegt, dass Jesus Hunderte von Menschen von körperlichen Krankheiten heilte, die Hungrigen sättigte und es Menschen wohl werden ließ an Geist, Seele und Leib. So soll Ihre ganze Persönlichkeit mit Ihrem Hab und Gut unter den segnenden Einfluß Gottes kommen. Ist das nicht ein gewaltiges Angebot?

Wachsende Freundschaft mit Gott

Sie sind kein Zufallsprodukt! Gott, der himmlische Vater hat Sie gewollt und im Leibe Ihrer Mutter werden und wachsen lassen. Auf Ihrem Leben liegt eine Bestimmung. Mit Ihrer Hinwendung zu Jesus haben Sie zu Gottes Plänen mit ihrem Leben Ja gesagt. Sein Ja zu Ihnen stand bereits seit Jesu Tod am Kreuz fest. Aber ein Bündnis hat mindestens zwei Partner. Sie haben zu diesem Bund mit Gott ja gesagt, als Sie Ihr Leben der Herrschaft Jesu unterstellt haben.

Gott möchte nun, dass Sie Ihn immer besser kennenlernen und Seine großartigen Absichten mit Ihnen und Ihren Mitmenschen verstehen. Er will Sie an Seinem Handeln in dieser Welt beteiligen und gibt Ihnen die besten Chancen, die es für Ihr Leben überhaupt geben kann.

Seine Pläne mit Ihnen gehen sogar über Ihre irdische Existenz hinaus. Jesus sagt, dass Menschen wie Sie, die an Ihn glauben, den Tod überleben. Ihr Körper wird zwar seine Funktionen einstellen, wenn Sie sterben. Aber Ihre neue, eigentliche Persönlichkeit wird den Tod überleben und in Gottes unbeschreibliche, himmlische Sphäre überwechseln. Dann werden Sie Jesus sehen und von Seiner Herrlichkeit überwältigt sein. Sie werden Gott, den Vater sehen und für immer in Seiner Gegenwart im Himmel leben.

Wenn wir hier und heute mit Gott leben, befinden wir uns bereits in der Dimension der Ewigkeit. Wir erleben in unserer Beziehung zu unserem himmlischen Vater uneingeschränkte, bedingungslose Liebe und Sicherheit. Diese Beziehung hebt uns förmlich über alles Irdische hinaus. Unser Leben erhält Wert und Bedeutung, die alles überbieten, was es an Anerkennung, Ruhm und Beachtung auf der gesamten Erde zu holen gibt. Nichts hebt uns so über den Staub und über die Vergänglichkeit der Welt wie die Tatsache, von Gott herzlich geliebt und geachtet zu sein.

Schritte in neue Beziehungen

Menschen, die ihre Identität in Jesus gefunden haben, erleben eine neue Qualität in ihren Beziehungen. Er macht uns liebesfähig. Wir können vergeben und ertragen. Es gibt eine weltweite Gemeinschaft von Menschen, die die Liebe Gottes angenommen haben. Diese Kontakte sind unvergleichlich reicher als die meisten Beziehungen, die man früher kannte. Wenn Christen gleich welcher Hautfarbe zusammentreffen, miteinander Gott loben und anbeten, Anteil nehmen am Leben des Nächsten, wird oft eine wunderbare Nähe und Herzlichkeit erlebbar. Jesus sagte: «Ihr sollt einander lieben, wie ich euch geliebt habe. An dieser Liebe füreinander wird die Welt erkennen, dass ihr meine Jünger seid» (Johannes 13,34-35). Unser himmlischer Vater legt großen Wert auf unsere Beziehungen. Weil Sein Geist in Seinen Kindern wohnt, will Er nicht, dass wir einander bekämpfen, beschimpfen und verletzen. Die Bibel sagt immer wieder, dass wir einander lieben, vergeben, akzeptieren und ermutigen sollen.

Ein geistliches Zuhause

Schon Jesus und nach ihm die ersten Christen bildeten Gemeinden von Glaubenden. Jesus teilte Sein Leben, Seine Liebe, Seine Kraft mit einem kleinen Kreis von zwölf Männern. Mit ihnen verbrachte Er viel Zeit und arbeitete gemeinsam mit ihnen. Daneben finden wir Jesus mit seinen Jüngern auch in der Menge, die Er lehrte, deren Kranke Er heilte und denen Er das Evangelium, die Gute Nachricht, verkündigte. Vor Seiner Rückkehr in die himmlische Welt wies Jesus Seine Nachfolger an, in alle Welt zu gehen und die Hoffnung zu verbreiten, die Sein Leben, Seine Botschaft, Sein Tod und Seine Auferstehung für alle Menschen bedeuten.

So fanden junge und ältere Menschen zu lebensveränderndem Glauben. Diese Christen fanden sich in kleinen Gruppen in Häusern zusammen. Dort ermutigten sie einander und halfen sich gegenseitig. Sie trafen sich aber auch im größeren Rahmen - zum Beispiel in Jerusalem im Tempel. Dort hörten sie den Aposteln und ihrer Belehrung zu.

Das ist auch für uns heute von großer Bedeutung. Sie brauchen ein geistliches Zuhause. Eine Gemeinde, in der Gottes Wort glaubensvoll verkündigt wird. Solche Gottesdienste, verbunden mit dem Lob zu Gott, stärken Sie in Ihrem Vertrauen und führen Sie weiter.

Wir brauchen aber auch enge Beziehungen in einer kleineren Gruppe von Christen, in der wir uns gegenseitig ermutigen, aneinander Anteil nehmen und Gott und unseren Mitmenschen gemeinsam dienen. Wenn Sie in einer Gemeinde gute Predigten aus der Bibel hören, werden Sie Fortschritte machen in Ihrem Glauben. Sie werden auch feststellen wie hilfreich der Austausch über Gottes Wort und die gemeinsame Anbetung Gottes in einer kleinen Gruppen für inneres Wachstum ist. Sie erfahren auch Gottes Gegenwart und Wirken in verstärktem Maß, wenn Sie sich mit anderen Christen zum gemeinsamen Lob Gottes, für Sein Wort und für Seine Anliegen zusammenfinden. Jesus sagte: «Aber auch das sage ich euch: Wenn zwei von euch hier auf der Erde meinen Vater um etwas bitten wollen und darin übereinstimmen, dann wird es ihnen gegeben. Denn wo zwei oder drei in meinem Namen zusammenkommen, bin ich in ihrer Mitte» (Matthäus 18,19-20).

Auf Sie kommt es an

Setzen Sie Ihre Gaben und Talente für Gott ein! Unterstützen Sie Seine Anliegen! Ihr Vater im Himmel wird Sie dabei keinen Verlust erleben lassen. Im Gegenteil, wenn Sie Ihre Zeit, Kraft, Begabungen und Finanzen in Gottes Reich investieren, werden Sie mehr davon erhalten.

Jesus versprach das mit den folgenden Worten: «Gebt nur Gott und seiner Sache den ersten Platz in eurem Leben, so wird Er Euch auch alles geben, was ihr nötig habt» (Matthäus 7,33).

Leben Sie einfach mit Jesus Christus, ganz persönlich, täglich, dort, wo Er Sie hingestellt hat. Dort ist jetzt Ihr Platz. In Ihrer Ehe, Familie, Nachbarschaft, Ihrem Arbeitsort. Lernen Sie, Ihre Mitmenschen aus Gottes Perspektive zu sehen. Wo Sie können, lindern Sie Nöte und erzählen Sie davon, was Gott Ihnen geschenkt hat.

Tipps für Ihren Glaubensweg

Abschließend drei Tipps für Ihr Leben mit Jesus Christus:

1. *Lesen Sie täglich in der Bibel:* So lernen Sie Jesus immer besser kennen. Ein guter Start ist das Johannes-Evangelium.
2. *Sprechen Sie mit Gott im Gebet.* Dabei wächst Ihre Beziehung zu Ihm. Er hört Sie und antwortet.
3. *Schließen Sie sich einer bibeltreuen Gemeinde an.* Dadurch werden Sie im Glauben gefördert.

Schlusswort

Es war mir eine große Freude, Sie auf diese spannende Entdeckungsreise mitzunehmen. Am besten bleiben Sie «angeschnallt» – nicht an einen Platz im Flugzeug – sondern an Ihrem Platz, den Sie in Gottes Reich nun eingenommen haben. Denn ein Leben mit Jesus ist ein ewiges Abenteuer. Ich freue mich, Sie später einmal in Gottes Neuer Welt zu sehen. Dann wird die Freude noch viel größer sein! Unendlich größer!

Ihr Erich Theis

Der Weg zu Gott – die Antwort

Wenn es die Möglichkeit gäbe, Gott zu finden und Ihn persönlich kennenzulernen, wären Sie daran interessiert? Die meisten Menschen, denen ich diese Frage gestellt habe, antworteten mit «Ja». Gott selbst hat in jeden Menschen die Suche nach Ihm gelegt. Doch zu oft bleiben wir an diesem Punkt stehen. Religiöse Zwänge aus der Vergangenheit, Enttäuschungen oder falsche Vorstellungen von Gott können Gründe dafür sein.

Entdecken Sie, dass es möglich ist, Gott kennenzulernen!

Die Bibel zeigt uns den Weg zu Gott. Auf den folgenden Seiten finden Sie diesen Weg mit Skizzen visualisiert und mit Bibelstellen erklärt. Lesen Sie diese Bibeltexte mit offenem Herzen. Es ist mein Gebet, dass Gott Ihnen beim Lesen und Studieren dieser Seiten hilft, die Antwort auf die wichtigste Frage des Lebens zu erhalten:
«Wozu wurden Sie geboren?»

Das Problem
Schöpfung und Sündenfall

1 Alles, was wir sehen können, aber auch alle unsichtbaren Dinge, wurden von Gott erschaffen. In der Bibel begegnen uns Gott, der Vater, Jesus, der Sohn Gottes und der Heilige Geist. Sie bilden miteinander eine wunderbare Einheit, aus der Liebe, Herrlichkeit, Kraft und alles Leben strömt. Gott ist voller Güte, aber auch vollkommen heilig.

> Von ihm (Gott) kommt alles Leben, und sein Leben ist das Licht für alle Menschen. Johannes 1,4

2 Dieser wunderbare Gott schuf den Menschen zum Leben in der Gemeinschaft mit Ihm und stellte ihn ins Paradies. Dort lebte der Mensch in ungetrübter Verbindung mit seinem Schöpfer. Gott hatte den Menschen mit einem freien Willen geschaffen, damit er sich selbst für oder gegen Gott entscheiden könne. Darum befand sich im Paradies der «Baum der Erkenntnis des Guten und des Bösen». Als er vor die Entscheidung gestellt wurde, glaubte der Mensch Satan (= Verführer) mehr als Gott. Er ließ sich von ihm verleiten, griff nach der verbotenen Frucht und zerbrach die liebende Gemeinschaft mit Gott. Er musste den Garten Eden verlassen.

> Du darfst essen von allen Bäumen im Garten, aber von dem Baum der Erkenntnis des Guten und des Bösen sollst du nicht essen. 1. Mose 2,17; siehe auch 1. Mose 3,1–7

3 Von diesem Tag an, bis heute, lebt der Mensch mit der Last seiner Sünde und Schuld, mit Krankheit, Leid und schließlich mit dem Tod.

Denn darin sind die Menschen gleich: Alle sind Sünder und haben nichts aufzuweisen, was Gott gefallen könnte.

Römer 3,23: siehe auch Römer 5,12

4 Unzählige Versuche des Menschen, sich selbst einen Weg zurück ins Paradies zu verschaffen, sind gescheitert. Die vielen Religionen sind ein Beweis für die ungestillte Suche des Menschen, führen aber nicht zum Ziel.

(Gott) wollte, dass die Menschen ihn suchen, damit sie ihn spüren und finden können. Apostelgeschichte 17,27

Der Ausweg
Die Erlösung

5 Entdecken Sie nun, was der wunderbare Gott in Seiner Liebe zu uns unternommen hat. Erfahren Sie, wie Gott das Problem unserer Schuld gelöst hat und uns den Weg in Seine Gemeinschaft öffnet: Gott litt unsagbar darunter, dass sich der Mensch von Ihm abgewandt hatte. Er ging uns nach und sandte Seinen Sohn in diese Welt zu unserer Rettung.

> Denn Gott hat die Menschen so sehr geliebt, dass er seinen einzigen Sohn für sie hergab. Jeder, der an ihn glaubt, wird nicht verlorengehen, sondern das ewige Leben haben.
> Johannes 3,16

Jesus ging auf die Menschen zu in ihren Sünden, Nöten und Verirrungen. Er belehrte sie über das Reich Gottes, heilte die Kranken und führte sie aus innerer Gefangenschaft.

> Der Geist des Herrn … hat mich beauftragt, den Armen die frohe Botschaft zu bringen. Den Gefangenen soll ich die Freiheit verkünden, den Blinden sagen, dass sie sehen werden, und den Unterdrückten, dass sie bald von jeder Gewalt befreit werden sollen.
> Lukas 4,18

> Jesus ist umhergezogen und hat Gutes getan und alle gesund gemacht, die in der Gewalt des Teufels waren, denn Gott war mit ihm.
> Apostelgeschichte 10,38

6 Dann kam der schwerste Augenblick: Jesus ließ sich an ein Kreuz schlagen. Er nahm damit all unsere Sünden auf sich, die uns von Gott trennen.

Christus hat unsere Sünden auf sich genommen und sie selbst zum Kreuz hinaufgetragen. Das bedeutet, dass wir frei sind von der Sünde und jetzt leben können, wie es Gott gefällt.
1. Petrus 2,24

Ihre Chance

Umkehr und neues Leben

7 Nun bietet Gott jedem Menschen Vergebung und Versöhnung an. Er will uns in Seine Gemeinschaft aufnehmen. Darum ruft Er uns auf, von unseren eigenen Wegen umzukehrem und Jesus als Retter und Herrn anzunehmen. Damit stehen wir vor der größten Chance unseres Lebens.

Jetzt aber ändert euch von Grund auf, und kehrt um zu Gott, damit er euch die Sünden vergibt.   Apostelgeschichte 3,19

8 Mit der Ablehnung schließen wir uns von Gottes Herrlichkeit aus. Wir werden dann für unsere Schuld selbst gerichtet. Wenden wir uns mit unserer Schuld zu Ihm, löscht Er unsere Schuld restlos aus.

Wenn wir aber unsere Sünden bereuen und sie bekennen, dann dürfen wir darauf vertrauen, dass Gott seine Zusage treu und gerecht erfüllt: Er wird uns unsere Sünden vergeben und uns von allem Bösen reinigen.   1. Johannes 1,9

Die ihn aber aufnahmen und an ihn glaubten, denen gab er das Recht, Gottes Kinder zu sein.   Johannes 1,12

9 So wird Jesus Christus wie eine Tür, durch die wir in die Gemeinschaft mit Gott zurückfinden.

Ich (Jesus) allein bin die Tür. Wer durch mich zu meiner Herde kommt, der wird errettet werden.   Johannes 10,9

Ich bin der Weg, ich bin die Wahrheit, und ich bin das Leben.
Johannes 14,6

10 Dadurch werden wir zu wirklich neuen Menschen. Wir erfahren eine innere Neugeburt. Die Last ist weg, und wir sind in Gottes Gemeinschaft aufgenommen. Nun soll dieses neue Leben in uns wachsen und immer stärker unser tägliches Leben bestimmen.

Gehört jemand zu Christus, dann ist er ein neuer Mensch. Was vorher war, ist vergangen, etwas Neues hat begonnen.

2. Korinther 5,17

Er stand auf und ging zurück zu seinem Vater. Der erkannte ihn schon von weitem. Voller Mitleid lief er ihm entgegen, fiel ihm um den Hals und küsste ihn. Lukas 15,20

1 Johannes 1,4

2 1. Mose 2,17; 1. Mose 3,1–7

3 Römer 3,23; Römer 5,12

4 Apostelgeschichte 17,27

5 Johannes 3,16; Lukas 4,18
Apostelgeschichte 10,38

6 1. Petrus 2,24

7 Apostelgeschichte 3,19

8 1. Johannes 1,9,
Johannes 1,12

9 Johannes 10,9; Johannes 14,6

10 2. Korinther 5,17; Lukas 15,20

Eine persönliche Frage

Stehen Sie mit Ihren Lasten noch vor dem Kreuz oder befinden Sie sich auf der anderen Seite der «Türe», versöhnt mit Gott? Wenn Ihnen bewusst wird, dass Sie diesen Schritt zu Jesus Christus noch nie eindeutig vollzogen haben, was hindert Sie, das jetzt zu tun?

Möchten Sie, dass Jesus Ihre Schuld vergibt? Ist es Ihr Wunsch, dass Gottes Geist Ihr Leben leitet? Erkennen Sie, dass Sie ein Sünder sind und Jesus für Ihre Schuld am Kreuz starb? Dann dürfen Sie das nachfolgende Gebet zu Ihrem eigenen machen und im Glauben jetzt durch die Türe hindurchgehen.

«Herr Jesus Christus, ich komme jetzt zu Dir und bringe Dir mein sündiges Leben. Bitte vergib mir meine Schuld. Reinige mich mit Deinem erlösenden Blut. Ich nehme Dich als meinen Herrn und Erlöser in mein Leben auf. Im Glauben gehe ich jetzt durch die Türe in Dein Reich. Übernimm Du von heute an die Führung in meinem Leben und mach mich zu der Person, die Du haben willst. Ich danke Dir, dass Du mein Gebet erhört hast und ich nun Dein Kind sein darf. Amen»

Wenn Sie das aufrichtig gebetet haben, gilt das Versprechen Gottes für Ihr Leben:

Die ihn aber aufnahmen und an ihn glaubten, denen gab er das Recht, Gottes Kinder zu sein. *Johannes 1,12*

Wie Er
Der Schlüssel zu einem Jesus-ähnlichen Leben

«Wie kann ich Gott kraftvoller erfahren und fruchtbringender für Ihn leben?» Auf diese Frage gibt Erich Theis eine packende Antwort. Direkt und offen hinterfragt er den Zustand der heutigen Christen, stellt ihnen das Leben der ersten Christen gegenüber und leitet aus dem Leben Jesu Antworten ab, die den Leser aufwühlen, aber dann auch packen und ihm weiterhelfen. Das Buch ruft in die Herausforderung von Jesus Christus: werden «wie Er».

ISBN 3-9521328-0-2
bd Verlag
77 Seiten, EURO 5.00/CHF 11.80

Was geschieht wenn wir sterben?
Es gibt ein Leben nach dem Tod. Diese Broschüre gibt Antworten auf viele Fragen nach dem ewigen Leben.
ISBN 3-85645-021-1
Dynamis Verlag
32 Seiten, EURO 1.45/CHF 2.80

Schritte in ein neues Leben
Ein Bibel-Fernkurs mit 10 Lektionen

Der Kurs hilft Ihnen, anhand der Bibel weitere Gewissheit im Glauben und Kenntnis über die Grundaussagen des Evangeliums zu gewinnen.
In zehn Lektionen werden folgende Themen behandelt:
- Der Weg zur Errettung
- Die Person Jesus Christus
- Wahre Jüngerschaft
- Grundlagen der Nachfolge
- Die Gabe des Heiligen Geistes
- Die Erfüllung mit dem Heiligen Geist
- Geheimnisse des neuen Lebens
- Aufgaben eines Christen
- Die Wiederkunft Jesu

Den Kurs können Sie im Selbststudium erarbeiten oder in einer Gruppe miteinander durcharbeiten.
Sie dürfen Ihre Antworten auch einsenden und erhalten hilfreiche Hinweise.

Zu beziehen bei:
Gute Nachricht
Hochstrasse 53
CH-8200 Schaffhausen
E-mail: gute.nachricht@freesurf.ch

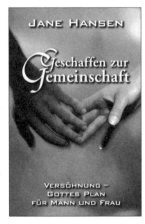

Jane Hansen
Geschaffen zur Gemeinschaft
**Versöhnung – Gottes Plan
für Mann und Frau**

Geschaffen nach Gottes Bild: In der intakten Beziehung und der Gemeinschaft von Mann und Frau werden Gottes Vaterherz und seine tiefe Liebe sichtbar. Gott ist daran, seine Gemeinde zu erneuern und zu stärken – und er will die innige und vertrauensvolle Beziehung wieder herstellen. Aus der Einheit der versöhnten Menschen wächst eine ungeahnte Kraft, und Gottes Herrlichkeit wird offenbar. Entdecken Sie Gottes ursprünglichen Plan für die Menschen und seine Wege zur Wiederherstellung von Beziehungen.

ISBN 3-9521328-1-0 bd Verlag
190 Seiten, EURO 13.90/CHF 24.80